HEYNE
BÜCHER

Rubik's C·L·O·C·K™

Das komplette Lösungsbuch

von Angus Lavery

AUTORISIERTE ORIGINALAUSGABE

WILHELM HEYNE VERLAG
MÜNCHEN

HEYNE RATGEBER
08 / 9231

Titel der Originalausgabe:
RUBIK'S CLOCK™ A QUICK SOLUTION
erschienen bei Pan Books Ltd, London
Aus dem Englischen übertragen von Dagmar Hartmann

Printed in Germany 1988
Umschlagfoto: Stefan Hagen, München
Innenillustration: CCC/Alfred Brodmann, München
Umschlaggestaltung: Atelier Ingrid Schütz, München
Satz: VerlagsSatz Kort GmbH, München
Druck und Bindung: RMO, München

ISBN 3-453-03216-0

… alle Uhren auf beiden Seiten gleichzeitig auf *Mitternacht* (12.00 Uhr) zu stellen …

Inhalt

Einführung

Ich frage mich, was in Professor Rubiks Kopf vorgeht? Da haben wir einen Mann, der nicht weniger als drei riesige Puzzles erfunden hat: ›Rubiks Zauberwürfel‹. ›Rubik's Magic‹ und jetzt sein neuestes: ›Rubik's Clock‹.

Jedes seiner Puzzle basiert auf unterschiedlichen Prinzipien und einzigartigen Techniken. Alle seine Puzzle setzen gewisse Fähigkeiten voraus, wenn man sie lösen will: Logik, Scharfblick und ein wenig Glück!

Ich habe eine Vorliebe für die Art von Puzzle, wie Rubik sie schafft, und ich habe sie alle gelöst: für den ›Zauberwürfel‹ benötigte ich drei Tage, für ›Rubik's Magic‹ gerade noch vierzig Minuten, und die Art, wie ich ›Rubik's Clock‹ löste, kann man nur als bizarr bezeichnen!

Den einzigen Prototypen der ›Uhr‹ habe ich im Februar 1988 auf der Spielzeugmesse gesehen. Ich hantierte nur ungefähr zwei Minuten lang damit herum, analysierte auf die Schnelle, wie ich glaubte, sie lösen zu können, aber es war nichts Konkretes.

Ungefähr acht Wochen später wachte ich eines Morgens sehr früh auf, scheinbar mit einer vollständigen Lösung der ›Clock‹, die mir im Kopf herumging. Also stand ich auf und schrieb sie nieder!

Im Juli fiel mir ein Herstellungsmuster der ›Clock‹ in die Hände, und zum ersten Mal konnte ich meine Lösung ausprobieren – sie funktionierte hervorragend!

Die Lösung, die im folgenden dargestellt ist, ist diejenige, die ich im wahrsten Sinne erträumt habe, mit einigen wenigen Verfeinerungen.

Danke für ein weiteres gutes Puzzle von Professor Rubik – ich freue mich schon auf Ihre nächste Erfindung!

Angus Lavery
Puzzleexperte
Hamley's, London

Ein schneller Überblick

›Rubik's Clock‹ ist eine nahezu kreisrunde Scheibe von etwa 11 cm Durchmesser und ca. 2 cm Stärke.

Auf jeder Seite befinden sich neun Uhren, vier Knöpfe, die nach unten gedrückt werden können, um auf der anderen Seite wieder auszutreten, und vier Räder, die gedreht werden können, um einige der Uhrzeiger zu bewegen.

Verschiedene Kombinationen von Rädern und Knöpfen wirken sich auf verschiedene Kombinationen von Uhrzeigern aus.

Es geht darum, alle Uhren auf beiden Seiten gleichzeitig auf *Mitternacht* (bzw. 12.00 Uhr) einzustellen!

Es ist ein ausgezeichnetes Puzzle, ein guter Test für Logik und räumliche Wahrnehmung und Vorstellungskraft.

Von Möchtegern-Betrügern zu beachten

Die Mechanik der ›Clock‹ ist im Innern der Scheibe versiegelt. Wenn Sie versuchen, sie zu öffnen, so werden Sie nicht mehr in der Lage sein, sie wieder zusammenzusetzen!

Der Umgang mit dieser Lösung

Die Lösung ist in zwei Teile gegliedert: Teil Eins, ›Die Basispositionen‹, zeigt Ihnen alle möglichen Kombinationen von Rädern und Knöpfen. Keine Angst – es gibt nur sechzehn!

Teil Eins ist notwendig als Grundlage für die Hauptlösung. Arbeiten Sie sich mit dem Puzzle in der Hand stur durch die sechzehn Basispositionen hindurch. Schauen Sie nach, was auf beiden Seiten des Puzzles bei jeder Position bewirkt wird.

Wenn Sie glauben, die Basispositionen zu kennen, gehen Sie zu Teil Zwei über, der eigentlichen Lösung.

Teil Zwei, ›Das Lösen der Uhr‹, führt Sie zur Lösung des Puzzles aus jeder Position heraus. Sie funktioniert immer.

Wenn Sie sorgfältig jeden Schritt der Anleitung in der angegebenen Reihenfolge ausführen, werden Sie ›Rubik's Clock‹ gelöst haben!

Teil I

Die Basispositionen

Wenn dieser Teil ein wenig monoton erscheint, verzeihen Sie mir, denn ich habe nur versucht, die Lösung so un-technisch wie möglich zu machen, wenn ich auch für die echten ›Puzzle-Füchse‹ am Schluß einige technische Einzelheiten hinzugefügt habe.

Ehe man sich an die Lösung macht, muß man unbedingt wissen, welche Kombinationen von Knöpfen und Rädern welche Uhrzeiger in Bewegung setzen.

Der Klarheit halber habe ich zwei Diagramme für jede Position verwendet, eines zeigt die Vorder-, eines die Rückseite des Puzzles. Um Mißverständnisse zu vermeiden, sind die Knöpfe numeriert, jedes Rad ist mit einem Buchstaben versehen, und die Uhren, deren Zeiger sich bewegen, sind in allen Diagrammen schraffiert dargestellt.

Selbstverständlich befindet sich *Mitternacht* (bzw. 12.00 Uhr) immer oben.

Position 1

Alle Knöpfe werden auf der Vorderseite eingedrückt. Dreht man eines der Räder, bewegt sich der Zeiger der folgenden Zifferblätter:

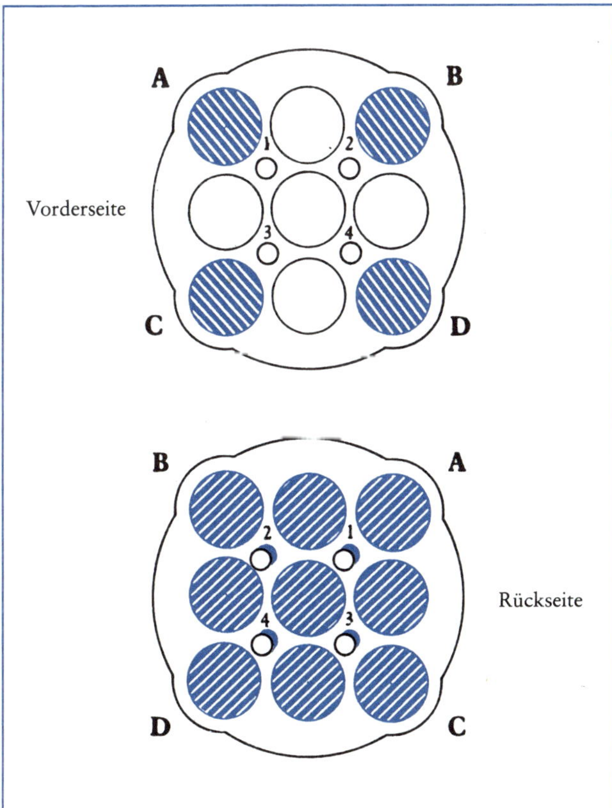

Position 2

Knopf 1 steht auf der Vorderseite nach oben. Dreht man jetzt nur Rad A, bewegen sich folgende Zeiger:

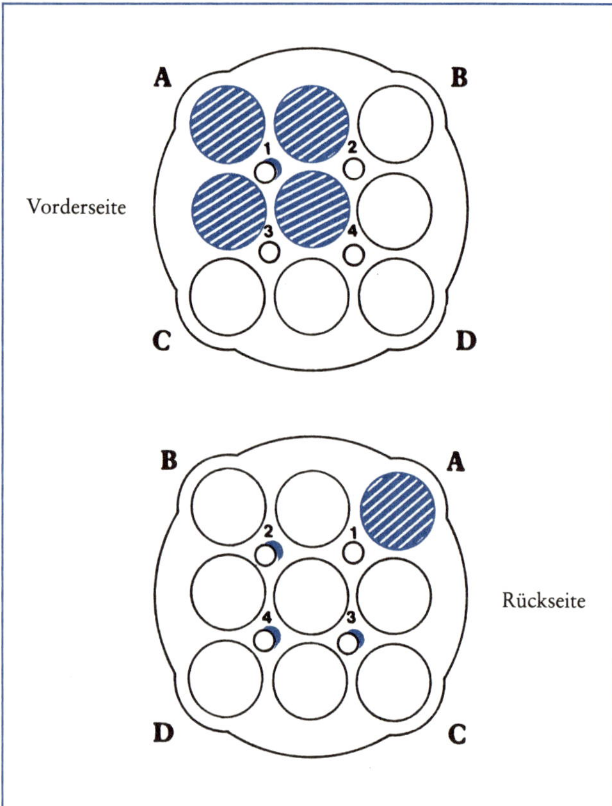

Dreht man die Räder B, C oder D bewirken diese folgende Bewegungen:

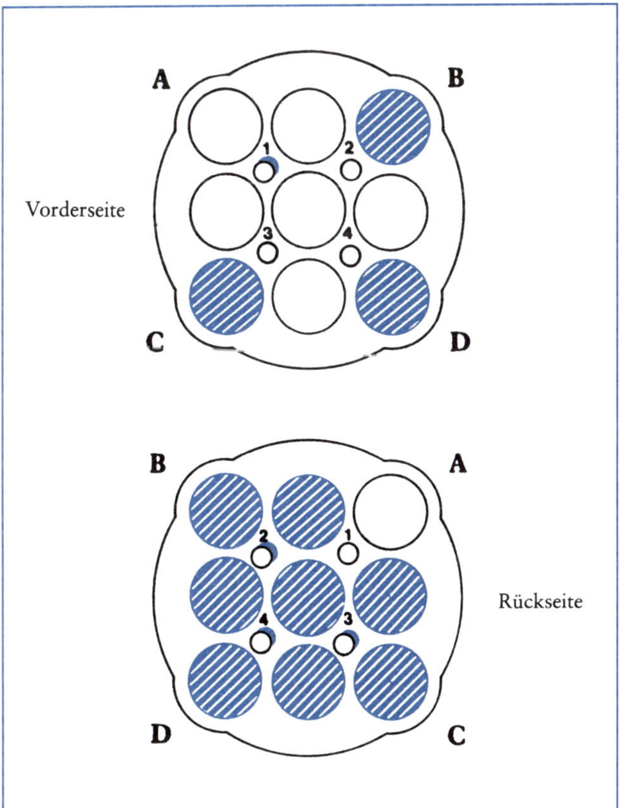

Position 3

Nur Knopf 2 steht auf der Vorderseite heraus. Dreht man jetzt nur Rad B, ergeben sich folgende Zeigerbewegungen:

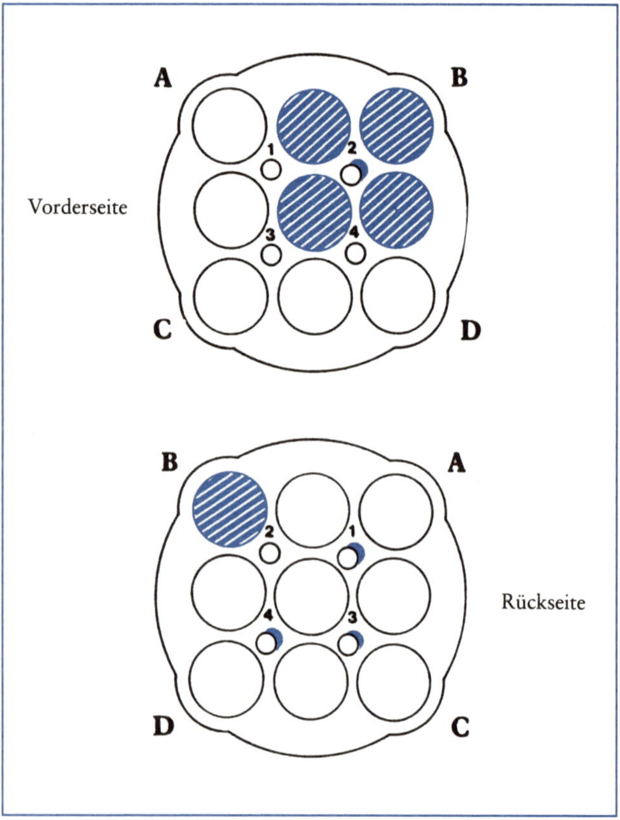

Ein Drehen der Räder A, C oder D bewirkt folgende Bewegungen:

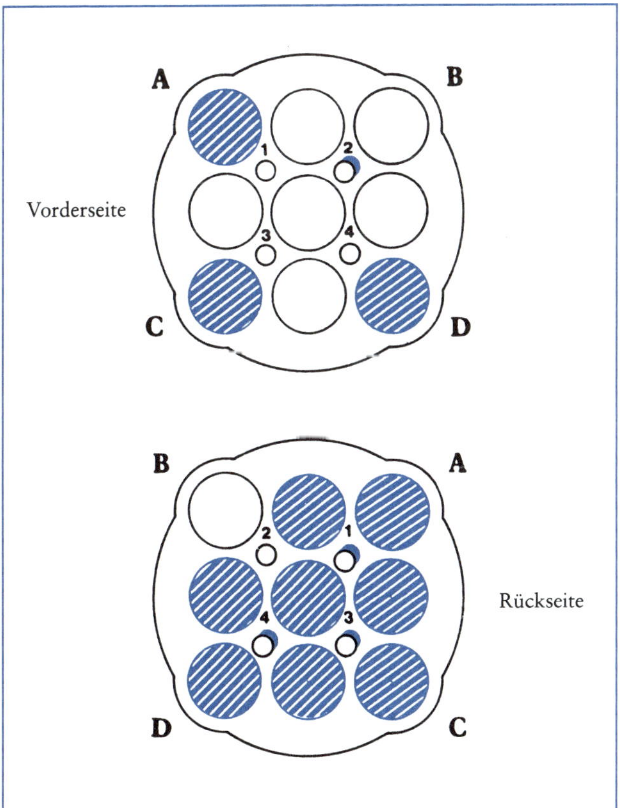

Position 4

Nur Knopf 3 steht auf der Vorderseite heraus. Dreht man nur Rad C, bewegen sich die folgenden Uhrzeiger:

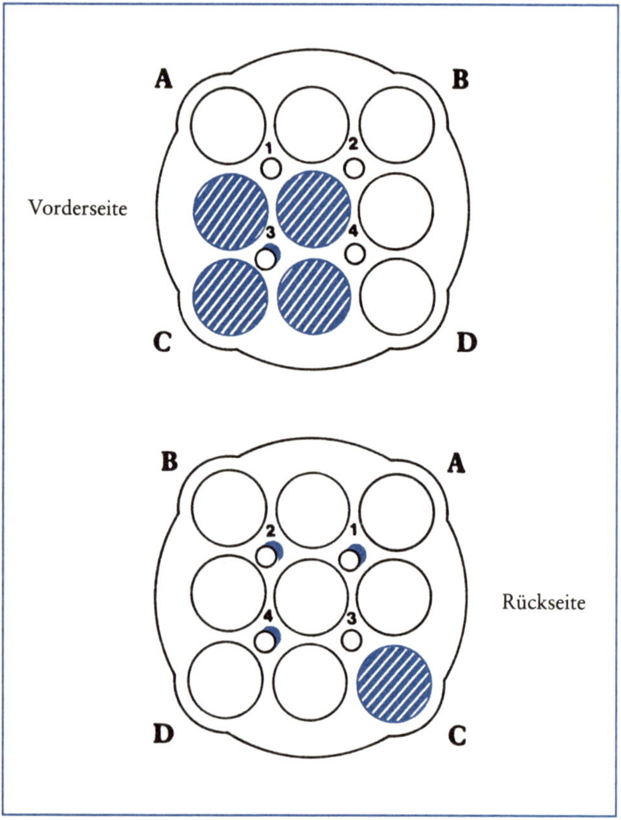

Dreht man die Räder A, B oder D, ergeben sich folgende Zeigerbewegungen:

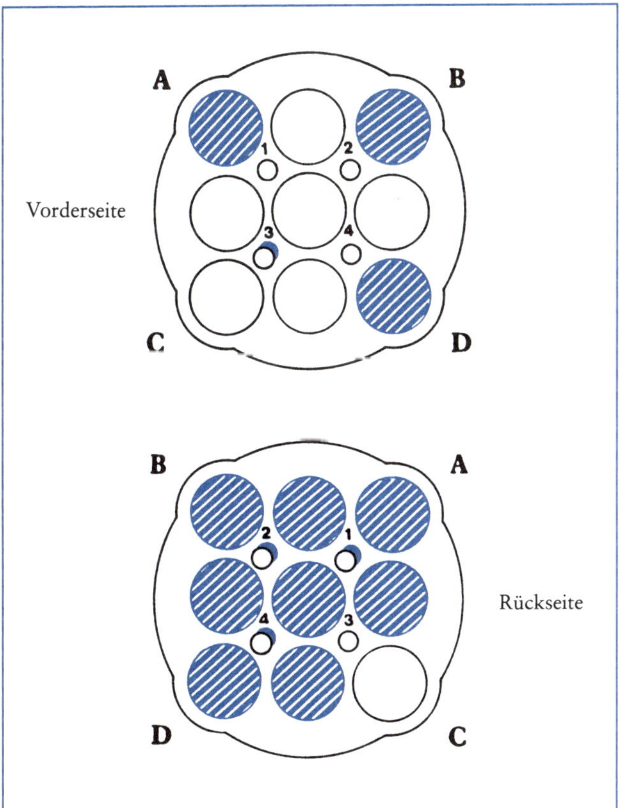

Position 5

Nur Knopf 4 steht auf der Vorderseite heraus. Dreht man nur Rad D, bewegen sich folgende Uhrzeiger:

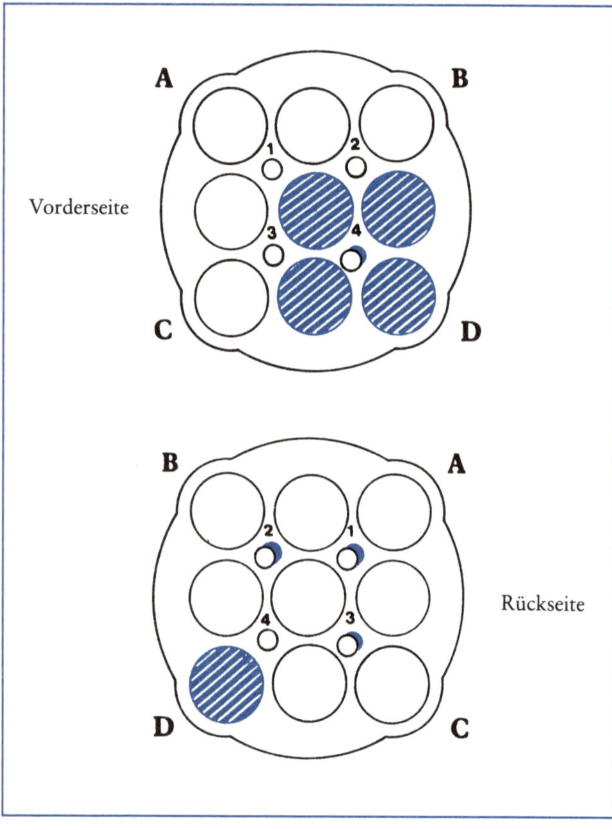

Dreht man die Räder A, B oder C, bewegen sich folgende Zeiger:

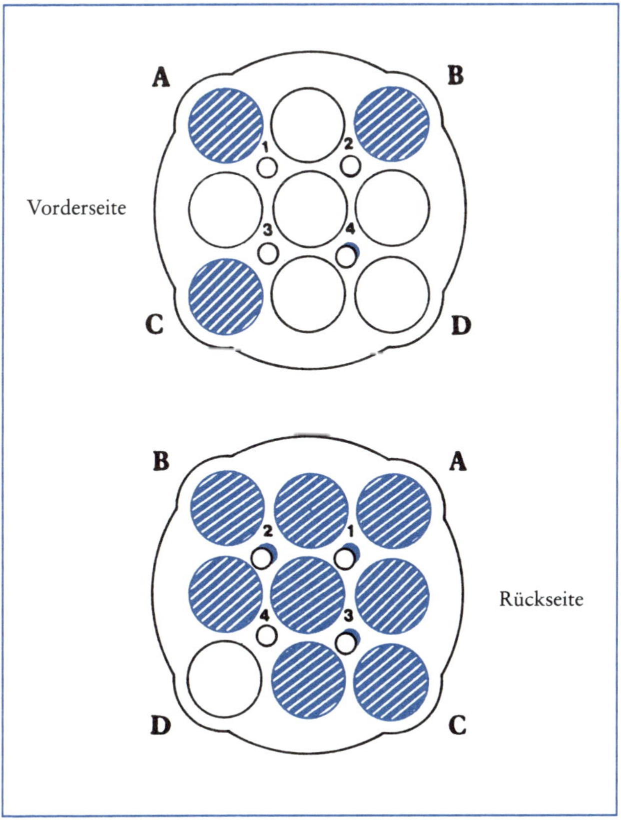

Position 6

Nur die Knöpfe 1 und 2 stehen auf der Vorderseite heraus. Ein Drehen der Räder A oder B bewirkt die Bewegung folgender Zeiger:

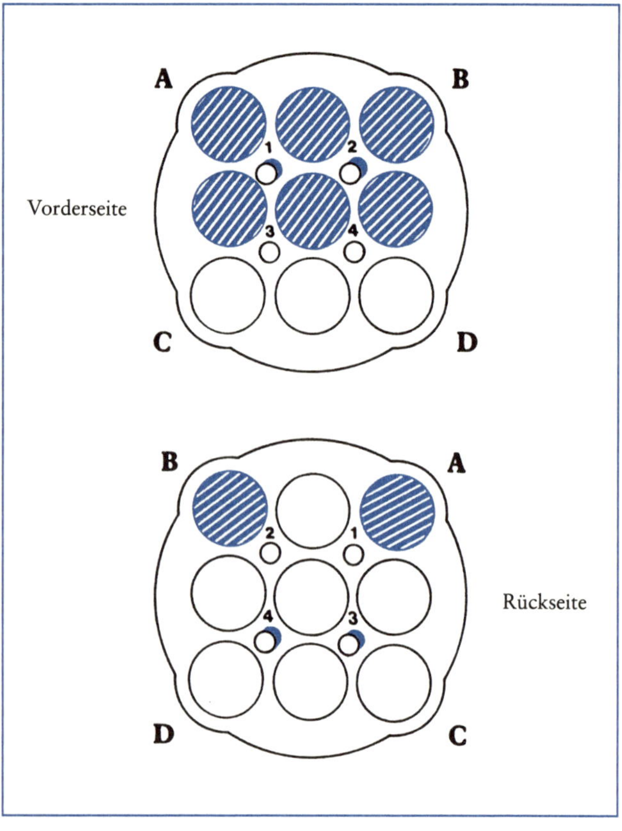

Das Drehen der Räder C oder D bewirkt folgende Bewegungen:

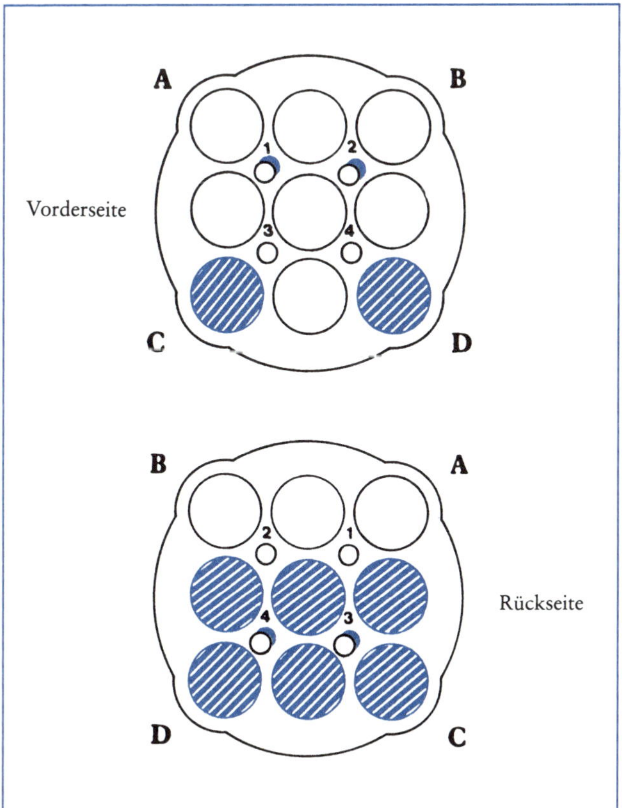

Position **7**

Nur die Knöpfe 1 und 3 stehen nach vorne heraus. Dreht man die Räder A oder C, ergeben sich folgende Bewegungen:

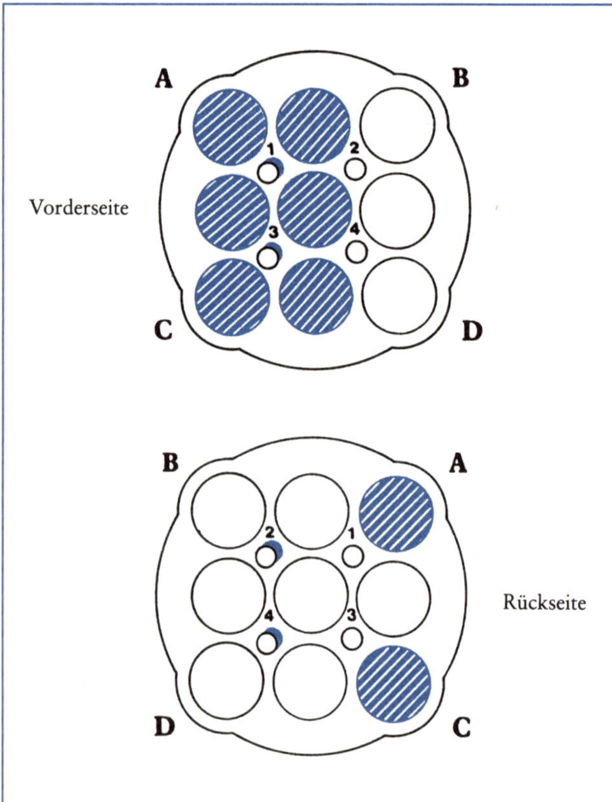

Das Drehen der Räder B oder D bewegt die Zeiger folgender Zifferblätter:

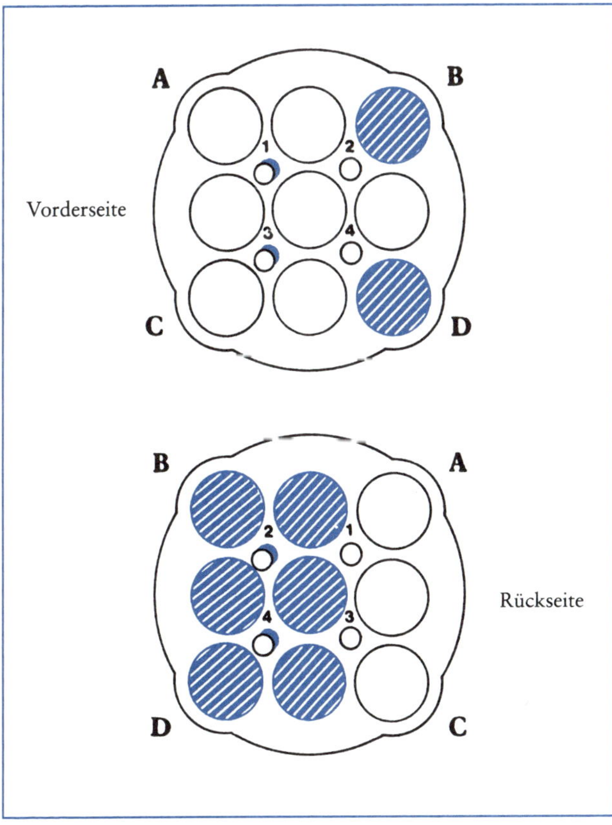

Position 8

Nur die Knöpfe 2 und 4 stehen nach vorne heraus. Das Drehen der Räder B oder D bewirkt folgende Bewegungen:

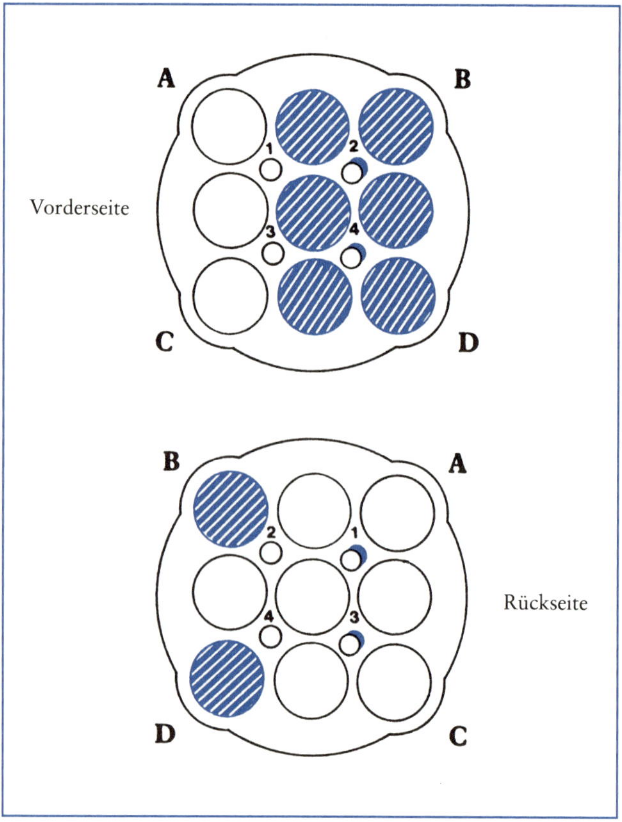

Das Drehen der Räder A oder C bewirkt folgende Bewegungen:

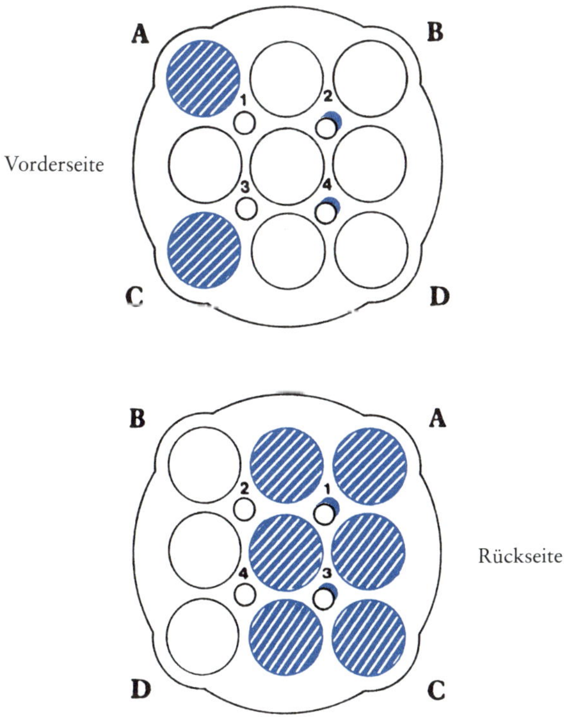

Position 9

Nur die Knöpfe 3 und 4 stehen nach vorne heraus. Dreht man die Räder C oder D, bewegen sich folgende Zeiger:

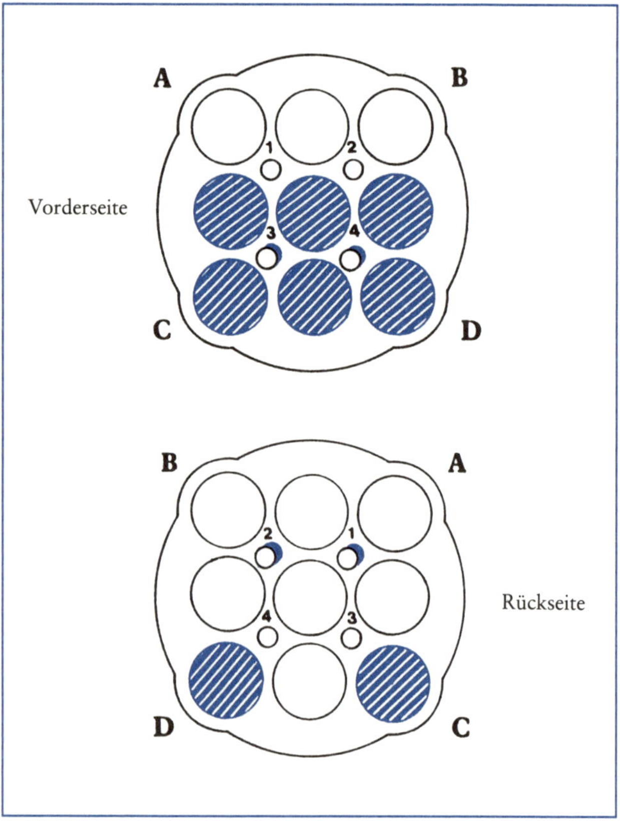

Dreht man die Räder A oder B, bewegen sich folgende Zeiger:

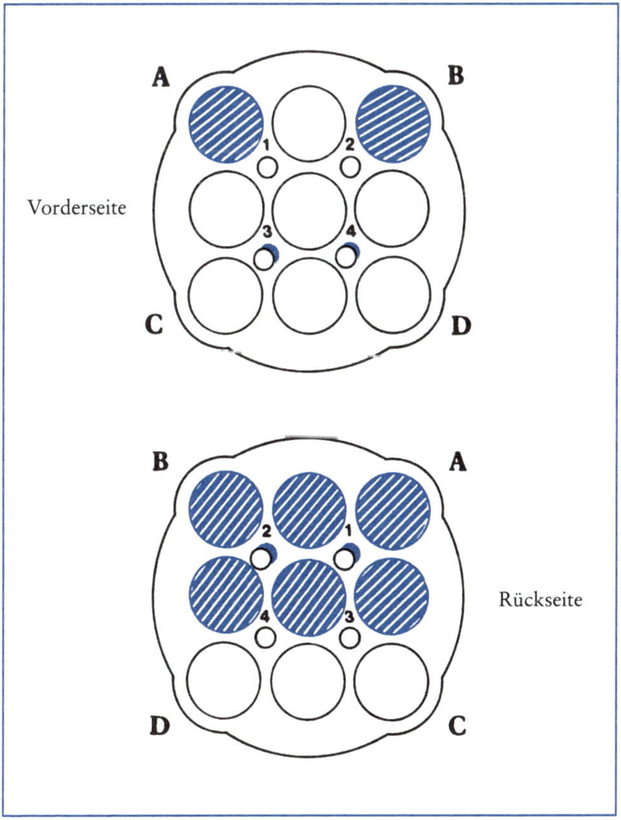

Position 10

Nur die Knöpfe 1 und 4 stehen auf der Vorderseite heraus. Dreht man die Räder A oder D, bewegen sich die Zeiger folgender Zifferblätter:

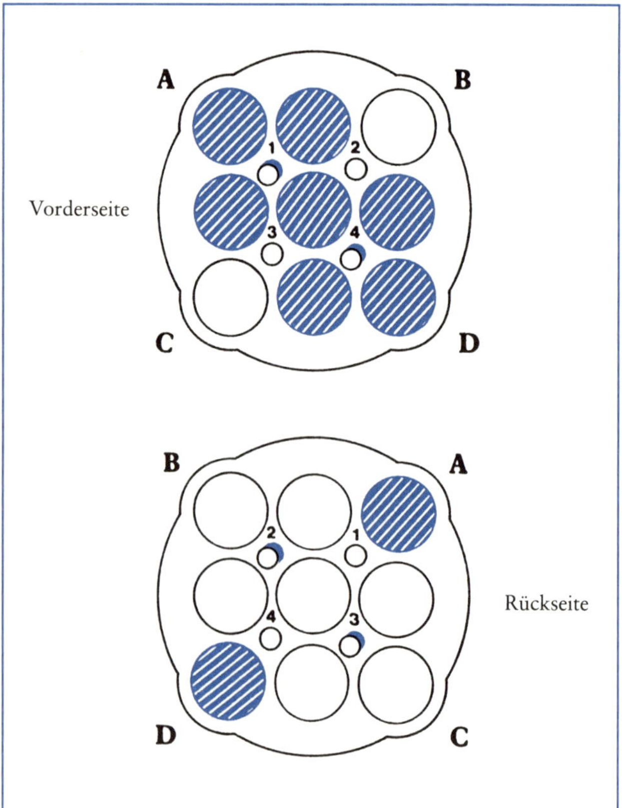

Dreht man dagegen die Räder B oder C, ergeben sich folgende Bewegungen:

Vorderseite

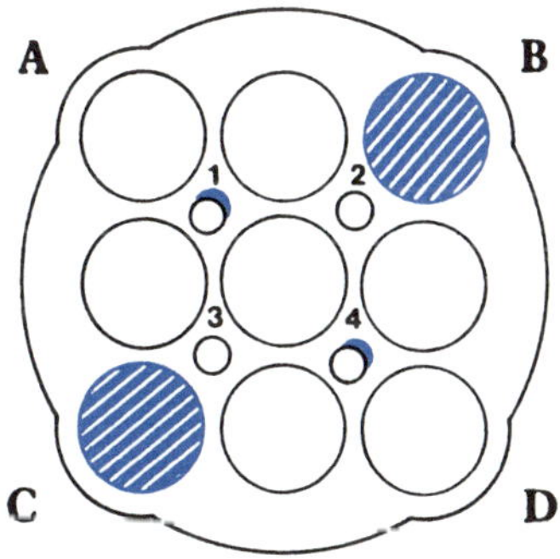

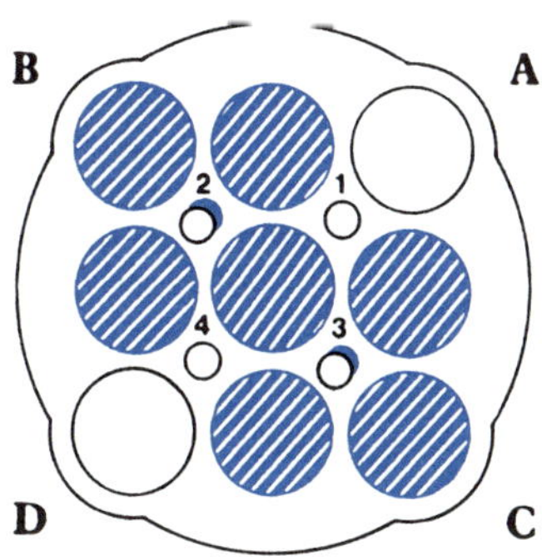

Rückseite

Position 11

Nur die Knöpfe 2 und 3 stehen auf der Vorderseite heraus. Dreht man die Räder B oder C, ergeben sich folgende Zeigerbewegungen:

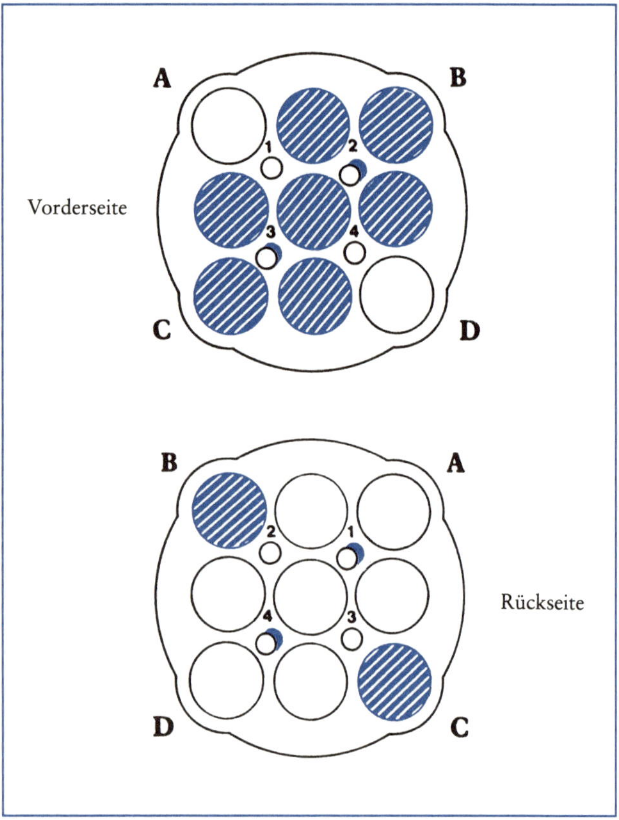

Dreht man die Räder A oder D, ergeben sich folgende Bewegungen:

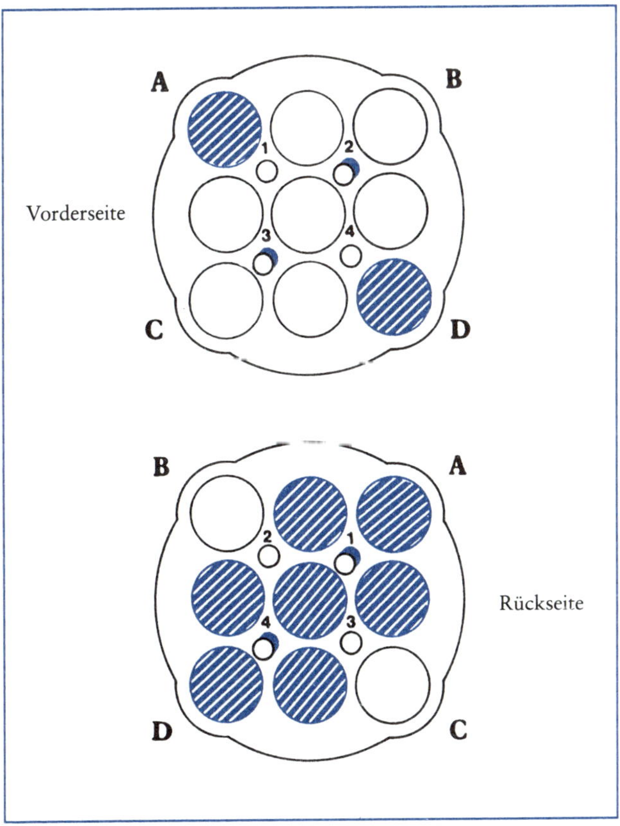

Position **12**

Nur die Knöpfe 1, 2 und 3 stehen auf der Vorderseite nach oben. Bewegt man jetzt die Räder A, B oder C, bewegen sich folgende Zeiger:

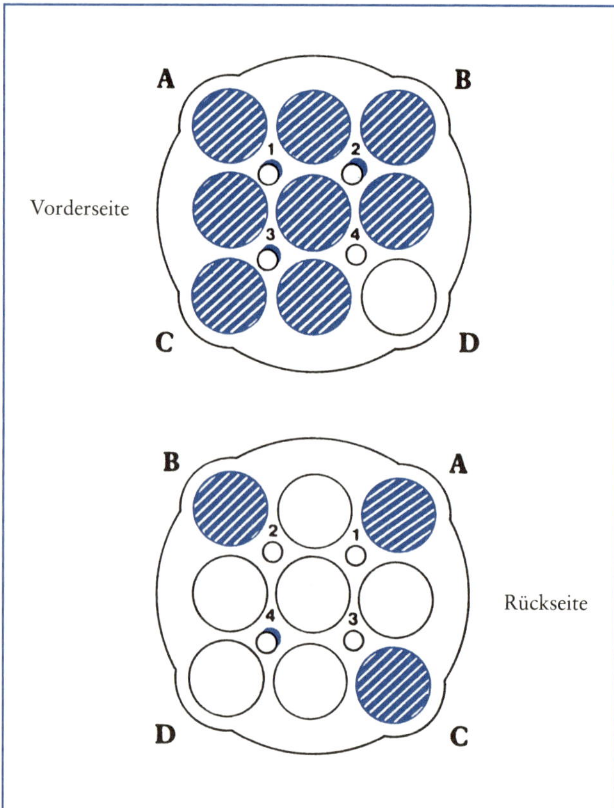

Dreht man das Rad D, bewegt sich der Zeiger folgender Uhr(en):

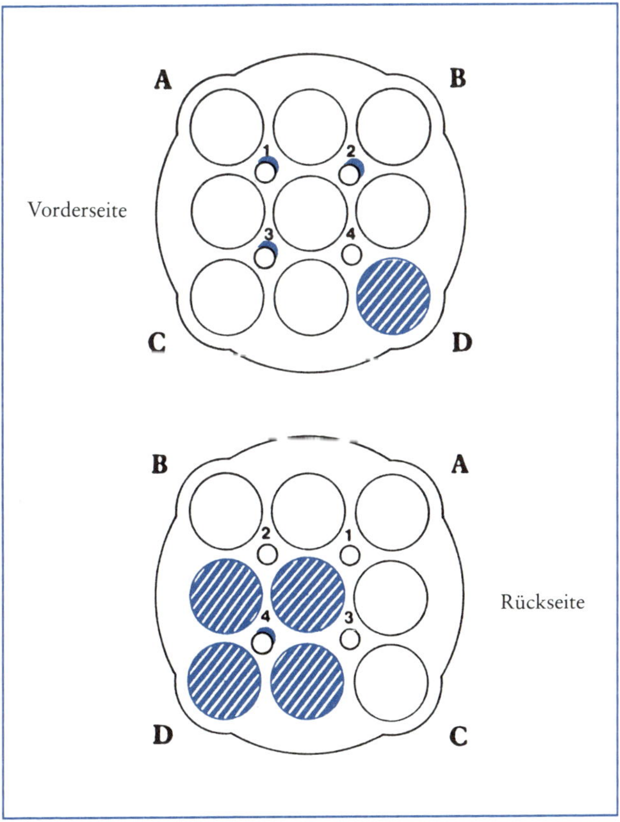

Position 13

Nur die Knöpfe 1, 2 und 4 ragen auf der Vorderseite heraus. Durch das Drehen der Räder A, B oder D werden folgende Zeiger bewegt:

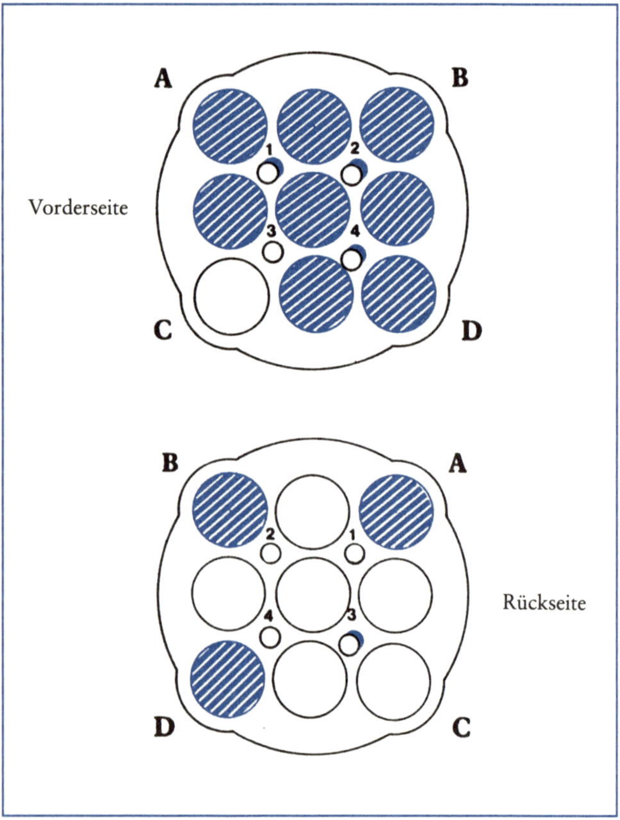

Dreht man das Rad C, bewegen sich folgende Zeiger:

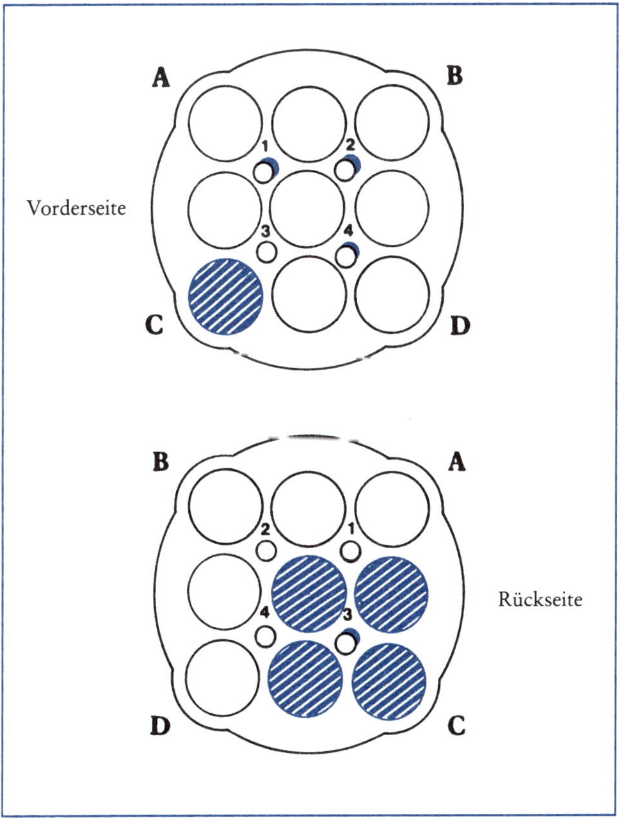

Position 14

Nur die Knöpfe 1, 3 und 4 ragen auf der Vorderseite heraus. Durch das Drehen der Räder A, C oder D bewegen sich die Zeiger folgender Uhren:

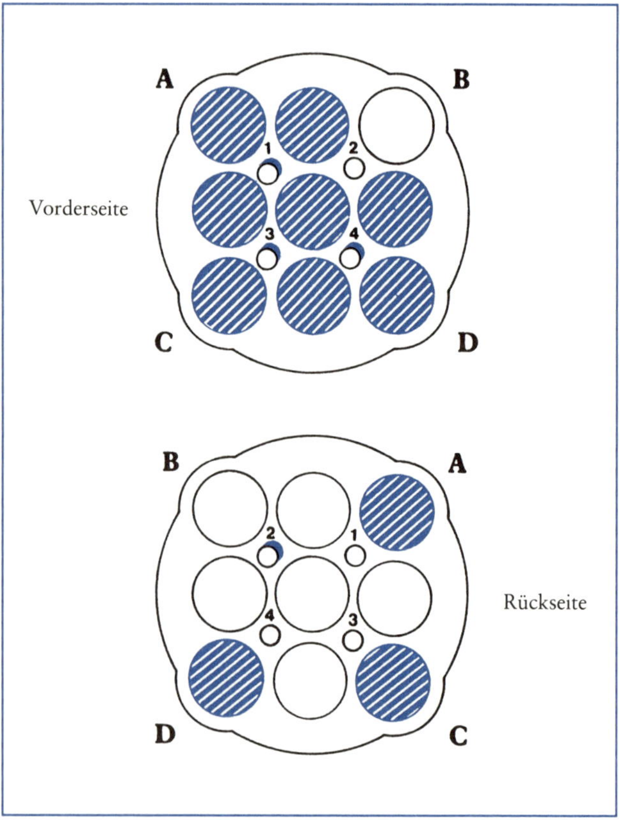

Durch das Drehen von Rad B bewegen sich die Zeiger folgender Uhren:

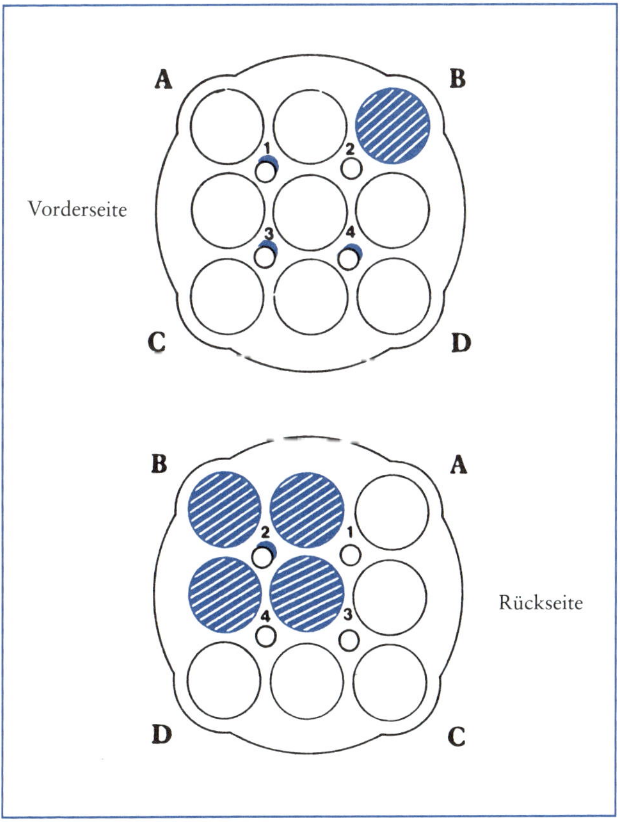

Position 15

Nur die Knöpfe 2, 3 und 4 ragen auf der Vorderseite heraus. Dreht man die Räder B, C oder D, bewegen sich die Zeiger folgender Zifferblätter:

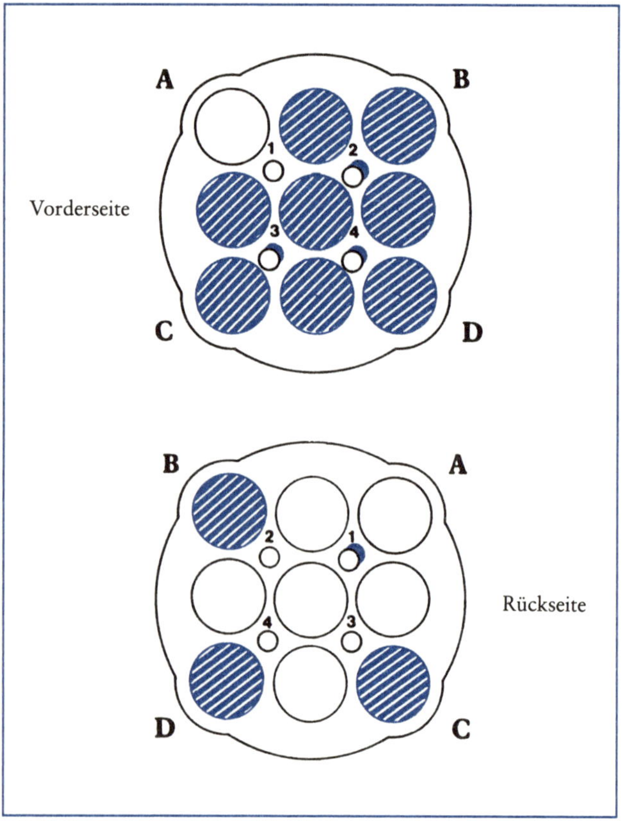

Dreht man das Rad A, bewegen sich die Zeiger folgender Uhren:

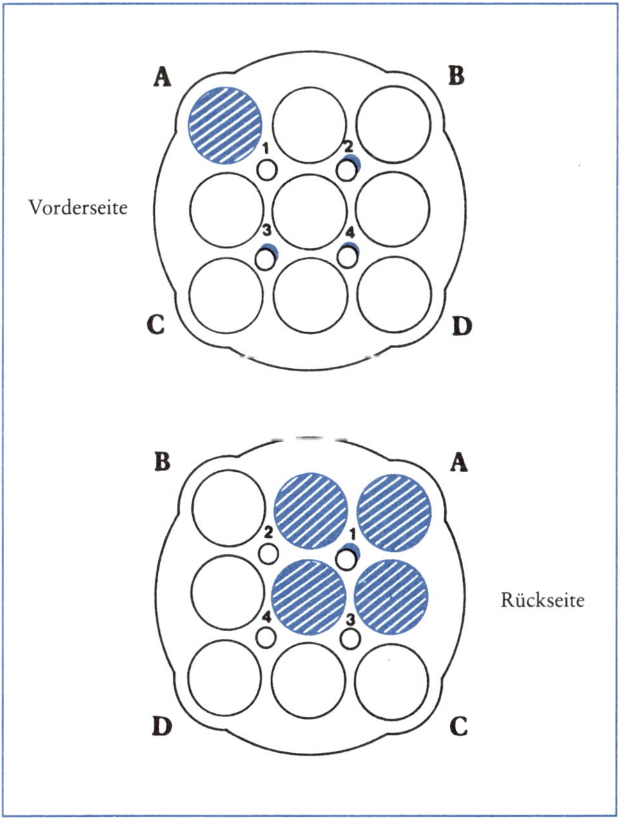

Position **16**

Alle Knöpfe stehen auf der Vorderseite nach oben. Dreht man irgendeines der Räder, bewegen sich die Zeiger folgender Zifferblätter:

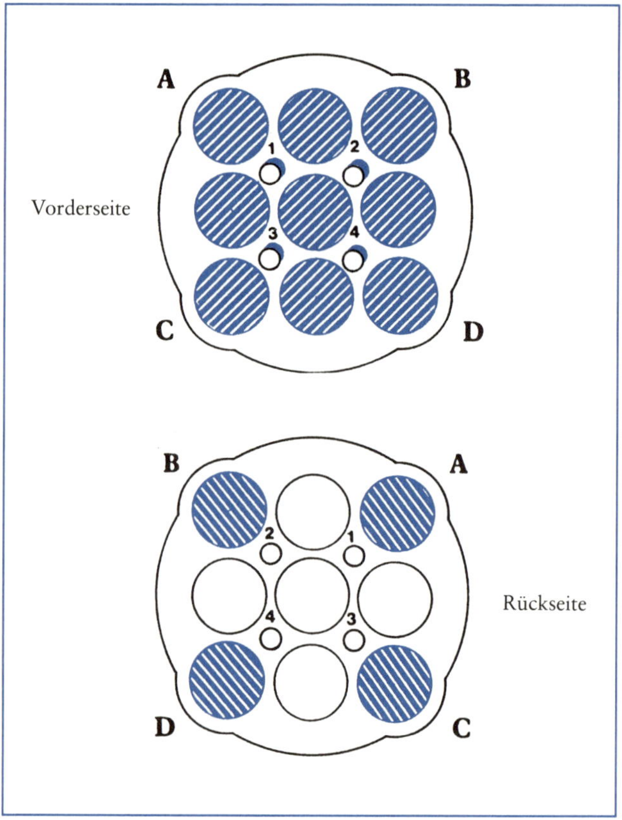

Das wären alle sechzehn Basispositionen – es gibt keine anderen Kombinationen aus Rädern und Knöpfen.

Wenn Sie genau aufgepaßt haben, werden Sie eine starke Ähnlichkeit zwischen einigen Positionen bemerkt haben. So sind zum Beispiel die Positionen Eins und Sechzehn im Grunde identisch, nur seitenverkehrt.

Diese Ähnlichkeit bedeutet, daß man sich die Basispositionen und ihre Ergebnisse leicht merken kann. Haben Sie sich die Basispositionen eingeprägt, werden Sie feststellen, daß sie nützlich sind, um Abkürzungen zu der Lösung zu finden, die jetzt folgt.

Wenn Sie sich nicht daran erinnern können – keine Sorge, die Lösung klappt auch bei Ihnen!

Teil II

Das Lösen von ›Rubik's Clock‹

Die nun folgende Lösung klappt jedes Mal, ungeachtet der unterschiedlichen Ausgangspositionen.

Ich habe wieder auf Diagramme zurückgegriffen, die Ihnen helfen sollen zu sehen, wo Sie gerade sind. Wie zuvor sind auch hier die Räder mit Buchstaben, die Knöpfe mit Zahlen versehen.

Sie müssen nicht wissen, was auf der Rückseite des Puzzles geschieht, denn die von mir gegebene Lösung berücksichtigt das für Sie. Aus diesem Grund ist bei jedem Schritt nur die Vorderseite des Puzzles dargestellt worden.

Zifferblätter, deren Zeiger in dieselbe Richtung, nicht aber auf *Mitternacht* (bzw. 12.00 Uhr) weisen, sind schraffiert dargestellt.

Uhren, deren Zeiger auf *Mitternacht* steht, weisen einen senkrechten Pfeil auf.

Mitternacht befindet sich bei allen Diagrammen oben.

1. Nehmen Sie das Puzzle in die Hand (Es ist unwichtig, welche Seite nach vorne zeigt), *Mitternacht* befindet sich oben.

Drücken Sie alle Knöpfe nach unten. Das ist die Ausgangsposition für unsere Lösung.

2. Drücken Sie Knopf 3 nach oben und drehen Sie dann Rad C (das ist *Basisposition 4)*, bis der Zeiger auf dem zentralen Zifferblatt in dieselbe Richtung weist wie derjenige direkt darüber.

Wenn sie bereits in dieselbe Richtung zeigen, ist es nicht nötig, ihn zu drehen.

Nun sollten Sie folgende Position erreicht haben, in der die Zeiger zweier Uhren in dieselbe Richtung weisen, wenngleich sie vielleicht noch nicht auf Mitternacht stehen:

Vorderseite

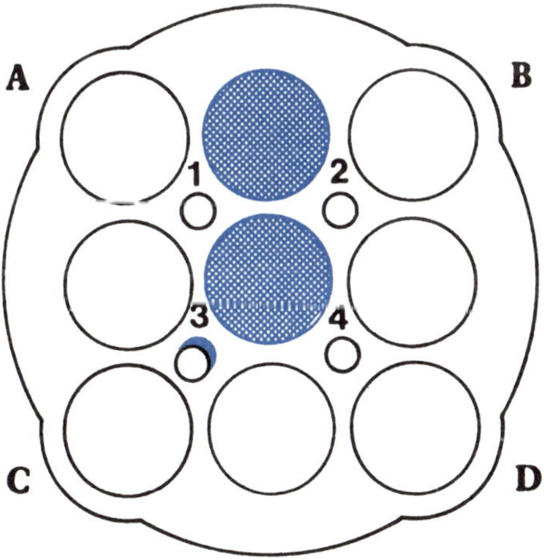

3. Drücken Sie Knopf 3 hinein und Knopf 1 nach oben. Drehen Sie nun Rad A (dies ist *Basisposition 2),* bis der Zeiger auf der mittleren Uhr in dieselbe Richtung weist wie derjenige gleich rechts von ihr.

Wieder gilt: Wenn sie bereits in dieselbe Richtung weisen, besteht keine Notwendigkeit, ihn zu bewegen.

Nun sollten Sie soweit sein, daß die Zeiger von drei Uhren in dieselbe Richtung zeigen, wenn auch nicht unbedingt auf *Mitternacht:*

Vorderseite

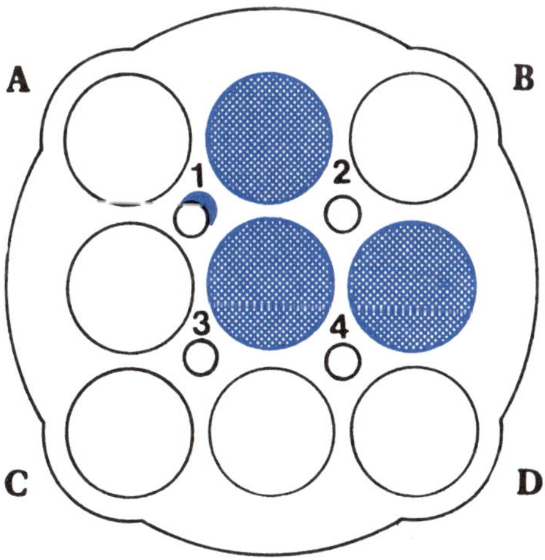

4. Drücken Sie Knopf 1 wieder hinein und Knopf 2 nach oben. Drehen Sie nun Rad B (das ist *Basisposition 3)*, bis die mittlere Uhr dasselbe anzeigt wie diejenige direkt unter ihr.

Von nun an gehen wir davon aus, daß die Zeiger nicht gedreht werden, wenn sie bereits in dieselbe Richtung weisen. Sie sollten jetzt folgende Position erreicht haben, bei der die Zeiger von vier Zifferblättern in dieselbe Richtung weisen:

Vorderseite

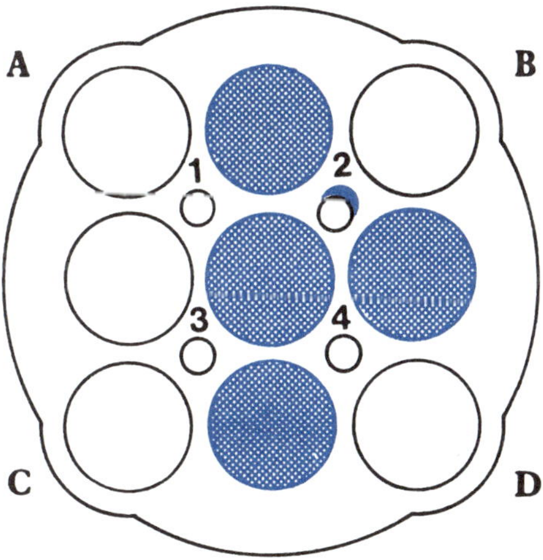

5. Knopf 2 bleibt oben. Zusätzlich drücken Sie Knopf 4 hinauf. Drehen Sie nun wahlweise Rad B oder D, bis der Zeiger auf dem Zifferblatt in der Mitte in dieselbe Richtung weist wie derjenige gleich links davon.

Nun sollten Sie folgende Position erreicht haben, bei der fünf Zeiger in dieselbe Richtung weisen:

Vorderseite

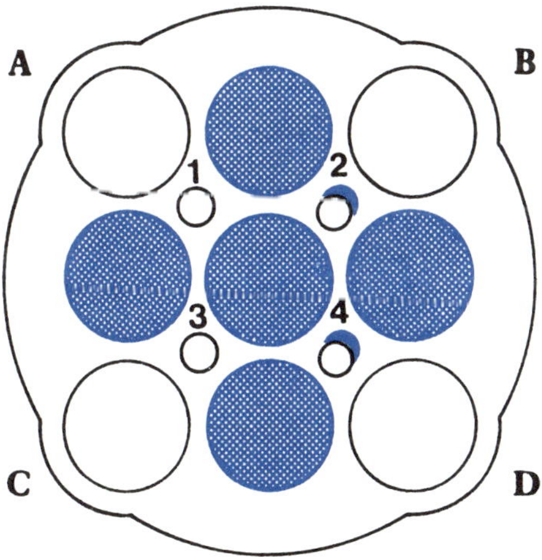

6. Drücken Sie die Knöpfe 1 und 3 nach oben, so daß nun alle vier Knöpfe nach oben herausstehen. Drehen Sie irgendein Rad, bis alle fünf Uhren auf *Mitternacht* zeigen.

Sie sollten jetzt in dieser Position sein, bei der fünf Uhren *Mitternacht* anzeigen, wobei in diesem Stadium die Ecken unbeachtet bleiben, siehe nebenstehende Abbildung.

7. Drehen Sie das Puzzle um, aber achten Sie darauf, daß *Mitternacht* auch weiterhin oben ist.

Vorderseite

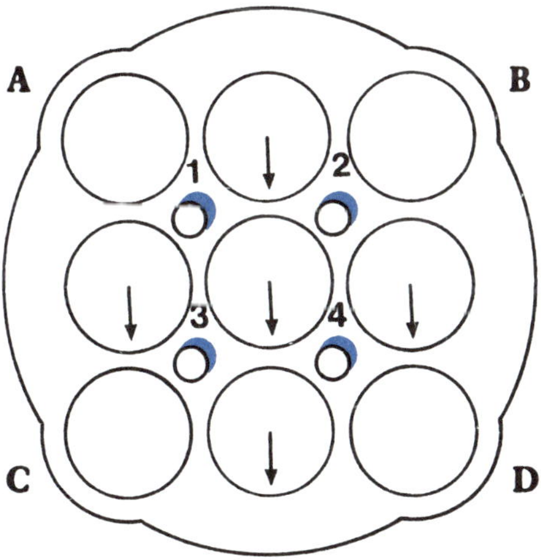

8. Nun wiederholen Sie die Schritte eins bis sechs unserer Lösung mit der neuen Vorderseite. Wenn Sie alle Schritte wiederholt haben, müßten auf beiden Seiten jeweils dieselben fünf Uhren auf *Mitternacht* zeigen.

Wenn Sie irgendwo einen Fehler gemacht haben, müssen Sie wahrscheinlich noch einmal von vorne anfangen. Tut mir leid.

9. Mit der neuen Vorderseite nach oben und allen Knöpfen auf der Vorderseite herausstehend, betrachten Sie nun das Zifferblatt auf Rad A. Weist dessen Zeiger auf *Mitternacht,* gehen Sie direkt zu Schritt Zehn über.

Weist er nicht auf *Mitternacht,* dann drükken Sie Knopf 1 hinein und drehen eines der Räder B, C oder D, bis die fünf Uhren, deren Zeiger bislang auf *Mitternacht* standen, dasselbe anzeigen wie die Uhr auf Rad A.

Sie sollten jetzt sechs Uhren haben, deren Zeiger in dieselbe Richtung weisen:

Vorderseite

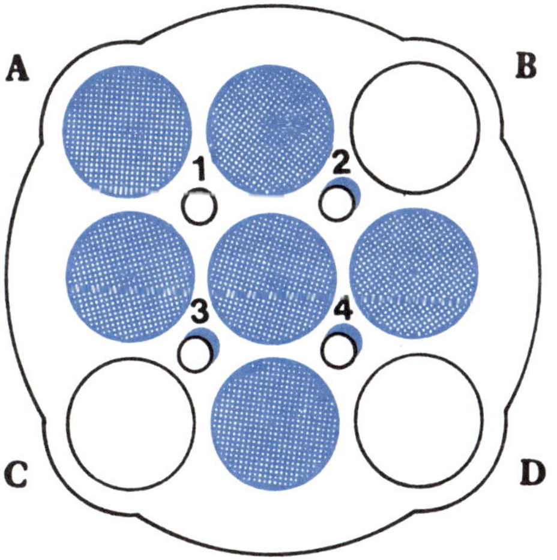

Nun drücken Sie Knopf 1 wieder nach oben und drehen dann irgendein Rad, bis alle sechs Uhren auf *Mitternacht* stehen.

Sie müßten nun folgende Position erreicht haben:

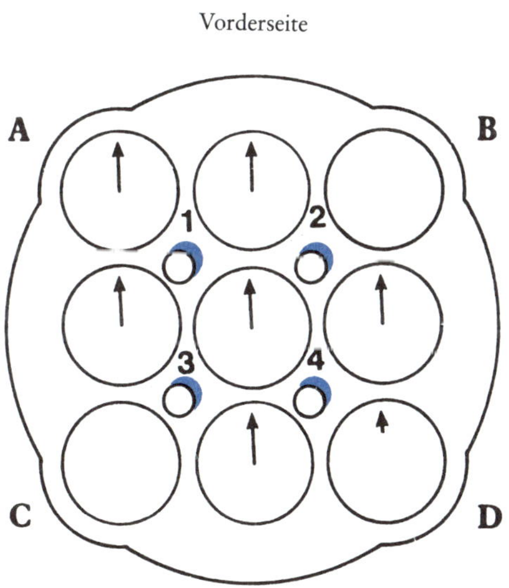
Vorderseite
A
B
1
2
3
4
C
D

10. Betrachten Sie nun die Uhr auf Rad B. Steht sie auf *Mitternacht,* gehen Sie direkt zu Schritt Elf über. Andernfalls drücken Sie Knopf 2 hinein und drehen eines der Räder A, C oder D, bis die sechs richtigen Uhrzeiger in dieselbe Richtung zeigen wie derjenige auf der Uhr von Rad B.

Nun sollten die Zeiger von sieben Uhren in dieselbe Richtung weisen:

Vorderseite

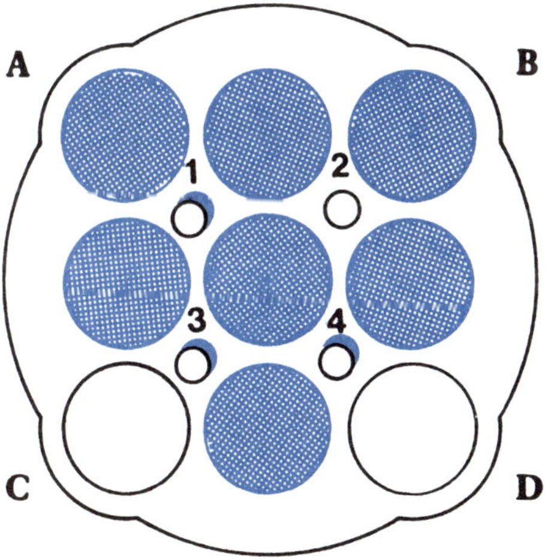

Drücken Sie Knopf 2 nach oben und drehen Sie irgendeines der Räder, bis alle sieben Uhren auf *Mitternacht* stehen.

Sie müßten jetzt diesen Punkt erreicht haben:

Vorderseite

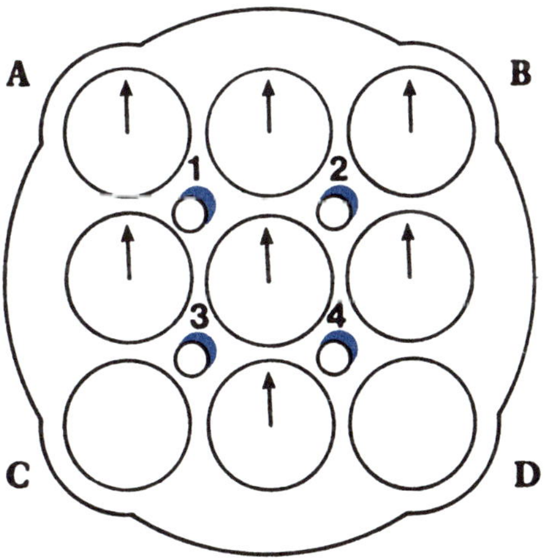

11. Als nächstes überprüfen Sie die Uhr auf Rad C. Weist ihr Zeiger auf *Mitternacht,* gehen Sie direkt zu Schritt Zwölf über. Andernfalls pressen Sie Knopf 3 hinein und drehen eines der Räder A, B oder D, bis alle korrekt anzeigenden Zeiger in dieselbe Richtung weisen wie derjenige auf dem Zifferblatt über Rad C.

Nun sollten die Zeiger von acht Uhren in dieselbe Richtung weisen:

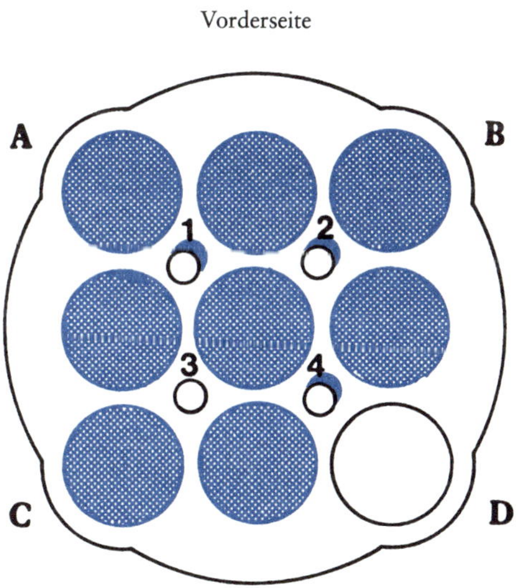
Vorderseite
A
B
1
2
3
4
C
D

Drücken Sie Knopf 3 wieder nach oben und drehen Sie dann an irgendeinem Rad, bis alle acht Uhren wieder auf *Mitternacht* stehen.

Es sollte nun so aussehen:

Vorderseite

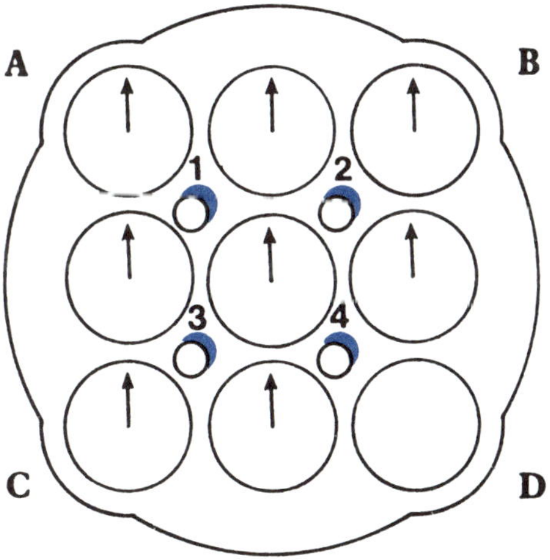

12. Weist die Uhr auf Rad D auf *Mitternacht,* gehen Sie direkt zu Schritt Dreizehn weiter. Andernfalls pressen Sie Knopf 4 nach unten und drehen irgendeines der Räder A, B oder C, bis alle bislang korrekt auf *Mitternacht* stehenden Zeiger in dieselbe Richtung weisen, wie derjenige der Uhr auf Rad D.

Nun müßten die Zeiger aller neun Uhren in dieselbe Richtung weisen:

Vorderseite

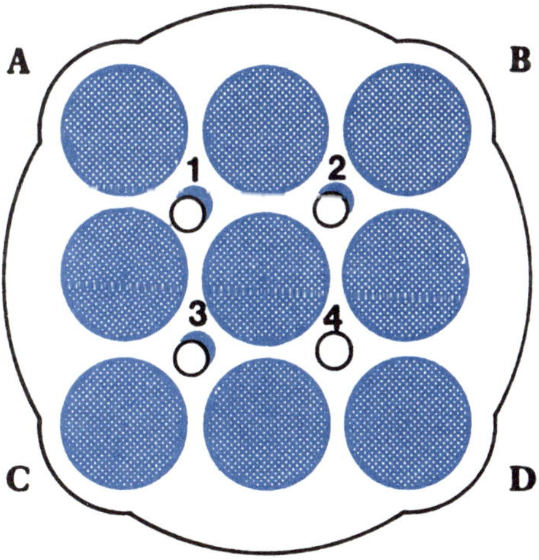

Drücken Sie nun Knopf 4 hinauf und drehen Sie an irgendeinem Rad, bis alle neun Uhren auf *Mitternacht* weisen.

Sie sollten nun diese Position erreicht haben:

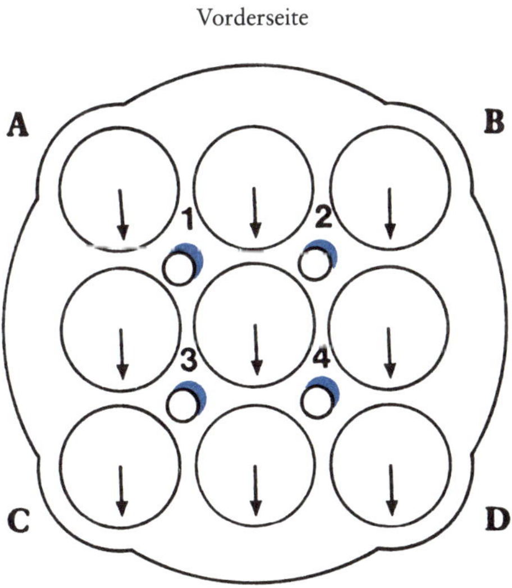
Vorderseite
A
B
1
2
3
4
C
D

13. Pech für manche, aber nicht für Sie – ›Rubik's Clock‹ ist nun gelöst! Prüfen Sie es nach, wenn Sie mir nicht glauben!

Die Lösung, die ich Ihnen hier gegeben habe, ist nicht die schnellste oder die wirkungsvollste, aber im Interesse von Einfachheit und Klarheit müssen manche Dinge geopfert werden.

Wenn Sie eine kürzere und schnellere Lösung wünschen, studieren Sie noch einmal die Basispositionen in Teil Eins und suchen Sie Möglichkeiten zur ›Abkürzung‹ zwischen den einzelnen Schritten – glauben Sie mir, es gibt eine ganze Reihe davon!

Viel Glück!

Zusätzliche Informationen

Anzahl der Permutationen

1 234 152 064 548 864 oder – einfacher ausgedrückt – über eintausend Billionen Permutationen!

Maximale Anzahl von Schritten, um *Mitternacht* zu erreichen.

Zählt man das Drücken eines Knopfes als einen Schritt, und das Drehen eines Rades ebenfalls als einen Schritt, dann ist eine Lösung aus irgendeiner Position heraus in 37 Schritten möglich – die sich aufteilen in 13 Raddrehungen und 24 Knopfdrücke. Dies setzt jedoch voraus, daß keine Fehler gemacht werden!

Schnellste Rekordzeit (Bisher!)

28 Sekunden – erzielt in Hamley's.

Einige mögliche Anordnungen

1. Stellen Sie alle Uhren auf beiden Seiten auf 6 Uhr ein.
2. Stellen Sie alle Uhren auf der Vorderseite auf 2 Uhr, alle Uhren auf der Rückseite auf 10 Uhr ein.
3. Stellen Sie die Uhren auf der Vorderseite von 1 Uhr bis 9 Uhr nacheinander ein, und die Uhren auf der Rückseite spiegelbildlich.

Einige unmögliche Anordnungen

1. Stellen Sie alle Uhren auf beiden Seiten auf 4 Uhr ein.
2. Stellen Sie alle Uhren auf der Vorderseite auf *Mitternacht* ein, die Uhren auf der Rückseite gleichzeitig auf 6 Uhr.
3. Die acht äußeren Uhren auf der Vorderseite sollen nach innen zeigen, die acht äußeren Uhren auf der Rückseite nach außen.

Ein Problem für alle ›Rubik‹-Experten

Warum sind einige Anordnungen nicht möglich?

Abschließend . . .

Ich hoffe, Sie haben der Lösung gut folgen können und sind nun in der Lage, die ›Clock‹ zu lösen.

Wenn Sie mehr über irgendeinen Aspekt der Lösung wissen möchten, oder wenn Sie irgend etwas haben, das Sie mir erzählen wollen, z. B. wenn Sie der Schnellste sind oder es in weniger als 37 Schritten aus welcher Position heraus auch immer schaffen, dann schreiben Sie mir bitte an den Verlag, oder kommen Sie mich in Hamley's besuchen.

Angus Lavery

Der Verlag sieht vor, ein weiteres Lösungsbuch herauszugeben, in dem die schnellsten, von Lesern dieses Buches eingesandten Lösungen, veröffentlicht werden sollen. Viel Spaß und viel Glück wünschen Verlag und Lektorat.

Der Erfinder

Ernö Rubik, Universitätsprofessor an der Akademie für Kunst und Design in Budapest, ist heute zweifellos der bekannteste ungarische Erfinder, wenn nicht weltweit der bekannteste der Neuzeit überhaupt.

Sein ›Zauberwürfel‹ machte ihn praktisch über Nacht auf der ganzen Welt berühmt und trieb Millionen Menschen an den Rand des Wahnsinns. Menschen jeden Alters wurden vom ›Würfelfieber‹ befallen. Wettkämpfe wurden ausgetragen, um denjenigen zu ermitteln, der die Lösung am schnellsten realisieren konnte. Der Erfolg des Würfels war in der Faszination von Geometrie und Farben begründet. Er eröffnete spielerische Möglichkeiten, die man bislang für unmöglich gehalten hatte.

Sechs Jahre nach der Erfindung des Würfels überraschte Ernö Rubik seine Fans mit einem neuen Meisterstück: Rubik's Magic, und ein neuer Sturm der Begeisterung brach los. Zahllose Kombinationen von Farben und Formen regten die Phantasie der Tüftler zu immer neuen Variationen an. Doch wer geglaubt hatte, Professor Rubik hätte in sich selbst mit Rubik's Magic den Meister gefunden, sieht sich – gottlob – getäuscht.

Mit Rubik's Clock liegt nun sein neuestes Meisterwerk vor. Es stellt große Anforderungen an logisches Denkvermögen und räumliche Vorstellungskraft, gepaart mit manueller Geschicklichkeit.

Professor Rubik, 1944 in Budapest geboren, widmet sich heute vornehmlich der ›Rubik Stiftung‹, die er selbst mit einer ansehnlichen Summe zur Förderung junger ungarischer Erfinder ausgestattet hat.

Dieses Lösungsbuch will Sie ermuntern, Ihre eigene Lösung zu finden, die vielleicht noch schneller ist und mit weniger Schritten auskommt.

Im Heyne Verlag sind zahlreiche Bücher für Tüftler, Rätselfreunde, Spiele-Fans und Denksportfanatiker erschienen. Fragen Sie Ihren Buchhändler.